COMMENT GÉRER ET DÉVELOPPEZ VOTRE INVESTISSEMENTS

Un guide complet et des stratégies pour la création de patrimoine et la gestion de portefeuille

JACK L. SILVA

DROITS D'AUTEUR

TABLE DES MATIÈRES

PARTIE 1 : COMPRENDRE LES INVESTISSEMENTS

INTRODUCTIONS

Bienvenue à **"Comment gérer et développer vos investissements"**, où vous découvrirez les éléments essentiels de la gestion des investissements pour vous guider vers la réussite financière. Ce livre est conçu pour vous aider à comprendre les bases des investissements, à créer un portefeuille personnalisé, à gérer les risques et à explorer des sujets avancés. À la fin, vous disposerez d'une feuille de route claire pour atteindre vos objectifs financiers grâce à des stratégies d'investissement efficaces.

POURQUOI LA GESTION DES INVESTISSEMENTS EST IMPORTANTE

La gestion des investissements joue un rôle crucial dans la création de richesse et la garantie d'un avenir financier stable. Avec la bonne approche, vous pouvez faire croître vos actifs, créer des flux de revenus passifs et vous préparer à des événements importants de la vie comme le financement de la retraite ou des études. En apprenant à gérer vos investissements, vous prenez le contrôle de votre destinée financière, minimisez les risques et vous assurez que vos actifs travaillent pour vous.

La gestion des investissements vous aide à faire face à la volatilité des marchés, à l'inflation et à d'autres défis économiques. Il offre également la flexibilité nécessaire pour diversifier vos actifs, vous protéger contre les risques potentiels et capitaliser sur les nouvelles opportunités à mesure qu'elles se présentent. En fin de compte, la gestion des investissements est la clé pour atteindre la liberté financière et créer un héritage pour les générations futures.

J'apporte une vaste expérience dans le domaine de l'investissement, avec une formation en analyse financière et en gestion de portefeuille. Au fil des années, j'ai aidé des clients d'horizons divers à bâtir, gérer et faire croître leurs investissements. Mon expertise couvre un large éventail de véhicules d'investissement, de stratégies de gestion des risques et de techniques de planification financière. À travers ce livre, mon objectif est de partager mes connaissances et mes idées, en vous fournissant des conseils pratiques et des étapes concrètes pour gérer et développer efficacement vos investissements.

Forts de cette base, embarquons dans un voyage pour explorer les différents aspects de la gestion des investissements, en commençant par les bases et en progressant progressivement vers des sujets plus avancés. Ce livre vous fournira les connaissances et les outils nécessaires pour prendre des décisions d'investissement éclairées, quel que soit votre niveau d'expérience.

LEÇONS CLÉS

- ☐ L'investissement est un élément clé de la réussite financière.
- ☐ Comprendre les bases de la gestion des investissements est crucial pour une croissance à long terme.

☐ Le *livre couvrira les stratégies de gestion et de croissance des investissements.*

Des questions

1. Pourquoi la gestion des investissements est-elle importante pour la réussite financière ?
2. Que pouvez-vous espérer apprendre de ce livre ?

Réponses

1. La gestion des placements est importante car elle contribue à faire croître votre patrimoine au fil du temps et à atteindre des objectifs financiers comme la retraite ou l'achat d'une maison.
2. Ce livre couvre les bases de l'investissement, les stratégies, la gestion des risques, la construction de portefeuille et des sujets avancés pour vous aider à gérer et à développer vos investissements.

2. LES BASES DE L'INVESTISSEMENT

DÉFINITIONS DES TERMES CLÉS

Comprendre les termes clés de l'investissement est essentiel pour comprendre les bases de l'investissement. Décomposons certains des termes les plus courants dans un langage simple :

Actions : Actions de propriété dans une entreprise. Lorsque vous achetez des actions, vous possédez une part de cette société et vos rendements dépendent de ses performances. Les actions peuvent rapporter des dividendes et prendre de la valeur au fil du temps.

Obligations : Titres de créance émis par des sociétés ou des gouvernements. Lorsque vous achetez une obligation, vous prêtez de l'argent à l'émetteur en échange de paiements d'intérêts et du remboursement du principal à l'échéance.

Fonds communs de placement : Fonds d'investissement qui regroupent l'argent de plusieurs investisseurs pour investir dans un portefeuille diversifié d'actions, d'obligations ou d'autres titres. Les fonds communs de placement sont gérés par des professionnels.

Fonds négociés en bourse (ETF) : Semblables aux fonds communs de placement, mais ils sont négociés en bourse comme des actions individuelles. Les ETF offrent diversification et flexibilité aux investisseurs.

Fiducies de placement immobilier (REIT) : Entreprises qui possèdent, exploitent ou financent des biens immobiliers générateurs de revenus. Les REIT vous permettent d'investir dans l'immobilier sans acheter de propriétés physiques.

Types d'investissements : Actions, obligations, immobilier, etc.

Les investisseurs disposent de diverses options d'investissement, chacune présentant des caractéristiques, des rendements potentiels et des risques uniques. **Voici un aperçu des principaux types :**

Actions : Investir en actions offre une opportunité d'appréciation du capital et de dividendes. Les actions peuvent être volatiles, leurs prix étant influencés par les tendances du marché et les performances des entreprises.

Obligations : Les obligations sont généralement considérées comme moins risquées que les actions, offrant des paiements d'intérêts réguliers et une stabilité. Cependant, ils peuvent offrir des rendements inférieurs et sont sensibles aux variations des taux d'intérêt.

Fonds communs de placement : Ceux-ci offrent une diversification et une gestion professionnelle, ce qui les rend adaptés aux investisseurs qui souhaitent répartir le risque sur plusieurs actifs. Les frais peuvent varier, affectant les rendements.

ETF : Comme les fonds communs de placement, les FNB offrent une diversification mais sont généralement plus flexibles et comportent des frais moins élevés. Ils peuvent être spécifiques à un secteur ou avoir une portée plus large.

Immobilier: Investir dans l'immobilier peut générer des revenus locatifs et une plus-value immobilière. Cela nécessite une gestion plus pratique et peut avoir des coûts d'entrée plus élevés que d'autres investissements.

PROFILS DE RISQUE DES DIFFÉRENTS INVESTISSEMENTS

Différents investissements comportent différents niveaux de risque, ce qui a un impact sur les rendements potentiels et la volatilité du portefeuille. Voici une répartition des profils de risque pour chaque type d'investissement :

Actions : Généralement considéré comme à haut risque en raison de la volatilité du marché et de facteurs spécifiques à l'entreprise. Ils peuvent générer des rendements élevés mais sont sujets à des fluctuations importantes.

Obligations : Généralement moins risqué que les actions, offrant des rendements stables grâce au paiement des intérêts. Cependant, ils peuvent toujours comporter des risques liés au crédit, aux taux d'intérêt et à l'inflation.

Fonds communs de placement : Le niveau de risque dépend de la stratégie d'investissement et de la diversification du fonds. Certains se concentrent sur les actions à haut risque, tandis que d'autres peuvent investir dans des actifs plus stables comme les obligations.

ETF : Comme pour les fonds communs de placement, le profil de risque varie en fonction des actifs sous-jacents. Les ETF à large assise ont tendance à être moins risqués, tandis que les ETF spécifiques à un secteur peuvent comporter plus de risques.

Immobilier: Le risque immobilier varie en fonction de facteurs tels que l'emplacement, le type de propriété et les conditions du marché. Même si l'immobilier peut offrir des rendements stables, il est soumis aux ralentissements économiques et aux risques spécifiques à l'immobilier.

LEÇONS CLÉS

- ☐ Les investissements sont de différents types avec différents profils de risque.
- ☐ Comprendre les termes clés d'investissement est essentiel pour prendre des décisions éclairées.

☐ La diversification permet de réduire le risque dans un portefeuille.

Des questions

1. Quels sont les principaux types d'investissements et en quoi diffèrent-ils ?

2. Qu'est-ce que la diversification et pourquoi est-elle importante ?

Réponses

1. Les principaux types d'investissements sont les actions (actions), les obligations, l'immobilier et d'autres alternatives. Ils diffèrent en termes de risque et de potentiel de rendement. Les actions présentent un risque élevé avec des rendements plus élevés, les obligations sont moins risquées avec des rendements inférieurs et l'immobilier offre une valeur à long terme.

2. La diversification implique de répartir les investissements entre différentes classes d'actifs pour réduire le risque. Cela permet de garantir que les pertes dans un domaine peuvent être compensées par des gains dans un autre.

3. STRATÉGIE D'INVESTISSEMENT

IMPORTANCE D'AVOIR UNE STRATÉGIE

Une stratégie d'investissement bien définie est essentielle au succès et à la gestion des risques. Sans approche structurée, les investisseurs peuvent prendre des décisions impulsives basées sur les tendances du marché ou sur des réactions émotionnelles, conduisant à des résultats sous-optimaux. Voici pourquoi il est crucial d'avoir une stratégie :

Cohérence: Une stratégie fournit un cadre cohérent pour prendre des décisions d'investissement, réduisant ainsi la probabilité de choix erratiques.

Gestion des risques: Il aide à identifier et à gérer efficacement les risques, vous permettant d'équilibrer les rendements potentiels avec des niveaux de risque acceptables.

Orientation des objectifs : Une stratégie structurée s'aligne sur vos objectifs financiers, garantissant que chaque décision d'investissement sert un objectif.

Adaptabilité: Une bonne stratégie peut s'adapter aux conditions changeantes du marché et aux circonstances personnelles, permettant ainsi une certaine flexibilité sans sacrifier la stabilité.

FIXER DES OBJECTIFS FINANCIERS

Fixer des objectifs financiers clairs est la pierre angulaire d'une stratégie d'investissement réussie. Il vous aide à vous concentrer sur ce que vous essayez d'atteindre et fournit une feuille de route pour votre parcours d'investissement. Voici un guide pour fixer des objectifs financiers efficaces :

Objectifs à court terme: Ce sont des objectifs que vous souhaitez atteindre d'ici quelques années, comme acheter une voiture, financer des études ou épargner pour un acompte sur une maison. Les objectifs à court terme nécessitent généralement des investissements à faible risque avec des rendements stables.

Objectifs à long terme: Ces objectifs ont un horizon temporel plus long, comme la planification de la retraite ou la constitution d'une richesse générationnelle. Les objectifs à long terme peuvent accueillir des investissements à plus haut risque avec un plus grand potentiel de croissance.

Critères SMART : Définissez vos objectifs spécifiques, mesurables, réalisables, pertinents et limités dans le temps pour garantir clarté et traçabilité.

Identifier les styles d'investissement : Croissance, valeur, revenu, etc.

Les styles d'investissement représentent différentes approches d'investissement, chacune comportant des avantages et des risques uniques. Comprendre ces styles vous aide à choisir une approche qui correspond à vos objectifs et à votre tolérance au risque :

Investissement de croissance : Ce style se concentre sur les entreprises à fort potentiel de croissance, souvent dans des secteurs émergents. Si les actions de croissance peuvent générer des rendements substantiels, elles peuvent également être plus volatiles.

.

Investissement de valeur : Ce style cible les actions sous-évaluées dotées de fondamentaux solides. Les investisseurs axés sur la valeur recherchent des sociétés qui se négocient en dessous de leur valeur intrinsèque, dans le but d'obtenir une appréciation à long terme.

Investissement de revenu : Les investisseurs à revenu donnent la priorité à un revenu régulier sous forme de dividendes ou de paiements d'intérêts. Ce style est courant chez les retraités ou ceux qui recherchent un flux de trésorerie stable.

Investissement équilibré : Combinant des styles de croissance, de valeur et de revenu, l'investissement équilibré offre une diversification et peut être adapté à la tolérance au risque de chacun.

CRÉER UN PLAN D'INVESTISSEMENT PERSONNEL

Un plan d'investissement personnalisé est essentiel pour atteindre ses objectifs financiers tout en gérant les risques. Voici un guide étape par étape pour créer votre plan :

1. Évaluez votre situation financière : Évaluez votre situation financière actuelle, y compris vos revenus, dépenses, dettes et investissements existants.

2. Définissez vos objectifs financiers : Sur la base des conseils ci-dessus, fixez des objectifs spécifiques à court et à long terme.

3. Déterminez votre tolérance au risque : Comprenez le niveau de risque avec lequel vous êtes à l'aise en fonction de votre situation financière et de vos objectifs.

4. Choisissez votre style d'investissement : Décidez quel(s) style(s) d'investissement correspondent à vos objectifs et à votre tolérance au risque.

5. Construisez un portefeuille diversifié : Créez un portefeuille diversifié avec une combinaison d'actifs qui correspond à votre style d'investissement.

6. Définir des lignes directrices d'investissement : Définissez des règles de rééquilibrage, de révision et d'adaptation de votre portefeuille au fil du temps.

7. Surveiller et ajuster : Examinez régulièrement les performances de votre portefeuille et ajustez-les si nécessaire pour rester sur la bonne voie avec vos objectifs financiers.

Suivre ces étapes vous aidera à créer un plan d'investissement personnalisé qui vous guidera vers la réussite financière tout en gérant efficacement les risques.

LEÇONS CLÉS

☐ Avoir une stratégie d'investissement claire est crucial pour réussir.

☐ Fixer des objectifs financiers aide à orienter votre stratégie d'investissement.

☐ Différents styles d'investissement correspondent à différents objectifs et tolérances au risque.

Des questions

1. Pourquoi est-il important d'avoir une stratégie d'investissement claire ?

2. Quels sont les styles d'investissement courants ?

Réponses

1. Une stratégie d'investissement claire fournit une feuille de route pour atteindre vos objectifs financiers, vous aidant à rester concentré et à éviter les décisions émotionnelles lors des fluctuations du marché.

2. Les styles d'investissement courants comprennent l'investissement de croissance, qui se concentre sur les actions à fort potentiel, l'investissement de valeur, qui recherche les actions sous-évaluées, et l'investissement de revenu, qui cible les actifs versant des dividendes.

4. GESTION DES RISQUES

COMPRENDRE LES RISQUES D'INVESTISSEMENT

Les risques d'investissement se présentent sous de nombreuses formes et peuvent avoir un impact significatif sur la performance de votre portefeuille. Pour gérer efficacement les risques, il est essentiel de comprendre les types courants de risques d'investissement :

Risque du marché: Le risque de pertes dues aux fluctuations du marché. Les actions et autres titres sont influencés par les tendances économiques, les bénéfices des entreprises et le sentiment des investisseurs, ce qui entraîne une volatilité.

Risque inflationniste : Le risque que la hausse de l'inflation érode le pouvoir d'achat de vos rendements. Les investissements à revenu fixe, comme les obligations, sont particulièrement vulnérables au risque d'inflation.

Risque de taux d'intérêt : Le risque que les variations des taux d'intérêt affectent la valeur des investissements. Lorsque les taux d'intérêt augmentent, les prix des obligations baissent généralement, ce qui a un impact sur les portefeuilles contenant d'importantes participations en obligations.

Le risque de crédit: Le risque de défaut lorsqu'un émetteur d'obligations ne respecte pas ses obligations de paiement. Ce risque est plus répandu avec les obligations moins bien notées ou les titres à haut rendement.

Risque de liquidité: Le risque de ne pas pouvoir vendre un investissement rapidement sans changements de prix importants. Les actifs illiquides comme l'immobilier peuvent présenter des risques de liquidité.

Risque de change : Le risque de pertes dues aux fluctuations des devises dans les investissements internationaux. Les variations des taux de change peuvent affecter les rendements des actifs étrangers.

STRATÉGIES DE DIVERSIFICATION

La diversification est une stratégie clé de gestion des risques qui consiste à répartir vos investissements sur différentes classes d'actifs et secteurs afin de réduire le risque global. Voici pourquoi la diversification est importante et quelques stratégies efficaces pour y parvenir :

Pourquoi la diversification est importante : La diversification permet d'atténuer l'impact d'un ralentissement dans un secteur ou une classe d'actifs spécifique. En ayant un portefeuille bien diversifié, vous réduisez le risque de pertes importantes liées à un seul investissement.

Diversification par classe d'actifs : Incluez un mélange d'actions, d'obligations, d'immobilier et d'autres actifs dans votre portefeuille pour répartir le risque entre différents types d'investissement.

Diversification par industrie : Au sein de chaque classe d'actifs, investissez dans différents secteurs pour éviter le risque de concentration. Par exemple, investissez dans des actions de technologie, de soins de santé et de biens de consommation pour créer un portefeuille équilibré.

Diversification géographique : Investissez sur les marchés nationaux et internationaux pour réduire l'impact des fluctuations économiques régionales. Cette stratégie contribue à atténuer les risques spécifiques à chaque pays.

Diversification par style d'investissement : Intégrez des investissements de croissance, de valeur et de revenu pour obtenir une approche équilibrée qui convient à vos objectifs et à votre tolérance au risque.

TECHNIQUES DE COUVERTURE

La couverture consiste à utiliser des instruments financiers pour compenser les pertes potentielles de votre portefeuille. Même si elle ne constitue pas une garantie contre les pertes, la couverture peut aider à gérer les risques. Voici quelques techniques de couverture de base :

Possibilités : Contrats qui vous donnent le droit d'acheter ou de vendre un actif à un prix prédéterminé dans un délai précis. Les options peuvent être utilisées pour se protéger contre les pertes potentielles sur les actions ou d'autres actifs.

Dérivés: Instruments financiers dérivés d'actifs sous-jacents, tels que les contrats à terme. Les produits dérivés peuvent être utilisés pour se protéger contre les fluctuations du marché ou les variations des prix des matières premières.

ETF inversés : Fonds négociés en bourse conçus pour évoluer à l'inverse d'indices de marché spécifiques. Ils peuvent servir de couverture en cas de baisse des marchés.

Or et métaux précieux : Investir dans l'or ou d'autres métaux précieux peut constituer une protection contre l'inflation et l'incertitude économique.

ÉQUILIBRER RISQUE ET RÉCOMPENSE DANS UN PORTEFEUILLE

Pour obtenir un portefeuille stable et diversifié, il faut équilibrer le risque et la récompense. Voici comment trouver le bon équilibre :

Évaluer la tolérance au risque : Comprenez votre tolérance au risque en fonction de votre situation financière et de vos objectifs de placement. Une tolérance au risque plus faible peut nécessiter un portefeuille plus conservateur.

Mélange de classes d'actifs : Créez un portefeuille comprenant une combinaison d'actifs à risque plus élevé et à faible risque. Les actions offrent un potentiel de croissance, tandis que les obligations et autres titres à revenu fixe assurent la stabilité.

Rééquilibrage régulier : Rééquilibrez périodiquement votre portefeuille pour maintenir la répartition d'actifs souhaitée. Cela permet de contrôler vos risques et vos récompenses.

Concentrez-vous sur les objectifs à long terme : Évitez de prendre des décisions d'investissement basées sur les tendances du marché à court terme. Garder à l'esprit vos objectifs à long terme vous aide à rester concentré pendant la volatilité des marchés.

Contrôle continu: Surveillez régulièrement les performances de votre portefeuille et apportez les ajustements nécessaires pour vous assurer qu'il correspond à votre stratégie d'investissement et à votre tolérance au risque.

En mettant en œuvre ces stratégies de gestion des risques, vous pouvez créer un portefeuille résilient qui résiste aux fluctuations du marché et réalise un investissement réussi à long terme.

LEÇONS CLÉS

- ☐ Comprendre les risques associés aux investissements est essentiel.
- ☐ La diversification et la couverture sont des stratégies clés de gestion des risques.
- ☐ L'équilibre entre risque et récompense est essentiel pour un portefeuille réussi.

Des questions

1. Quels sont les risques courants associés aux investissements ?
2. Comment la diversification aide-t-elle à gérer le risque ?

Réponses

1. Les risques courants comprennent le risque de marché, le risque de crédit, le risque de taux d'intérêt et le risque d'inflation. Ceux-ci peuvent affecter la valeur des investissements et les rendements potentiels.

2. La diversification réduit le risque en répartissant les investissements entre différentes classes d'actifs et secteurs, réduisant ainsi l'impact d'une seule perte sur l'ensemble du portefeuille.

PARTIE 2 : CONSTRUIRE VOTRE PORTEFEUILLE

5. VÉHICULES D'INVESTISSEMENT

Les véhicules d'investissement sont les instruments utilisés pour investir dans divers actifs. Voici un aperçu de certains des plus courants, ainsi que de leurs caractéristiques et avantages :

Actions : *Les actions représentent les actions de propriété dans une entreprise. Ils offrent un potentiel d'appréciation du capital et de dividendes, offrant ainsi des opportunités de rendements importants. Les actions peuvent être volatiles, leurs prix étant influencés par les tendances du marché et les performances des entreprises. Ils conviennent aux investisseurs recherchant une croissance à long terme et prêts à tolérer un certain risque.*

Obligations : Les obligations sont des titres de créance émis par des sociétés, des municipalités ou des gouvernements. Lorsque vous achetez une obligation, vous prêtez de l'argent à l'émetteur en échange de paiements d'intérêts et du remboursement du principal à l'échéance. Les obligations sont généralement considérées comme moins risquées que les actions et offrent des rendements stables, mais elles peuvent avoir un potentiel de croissance plus faible.

Fonds communs de placement : Les fonds communs de placement mettent en commun l'argent de plusieurs investisseurs pour investir dans un portefeuille diversifié d'actions, d'obligations ou d'autres titres. Ils sont gérés par des gestionnaires de fonds professionnels qui prennent des décisions d'investissement au nom des investisseurs. Les fonds communs de placement offrent diversification et commodité, ce qui les rend adaptés aux investisseurs qui préfèrent une approche non interventionniste. Cependant, ils s'accompagnent souvent de frais de gestion.

Fonds négociés en bourse (ETF) : Les ETF sont similaires aux fonds communs de placement, mais ils sont négociés en bourse comme des actions individuelles. Ils offrent diversification et flexibilité, permettant aux investisseurs d'acheter et de vendre des actions tout au long de la journée de bourse. Les ETF ont souvent des frais inférieurs à ceux des fonds communs de placement et peuvent suivre des indices, des secteurs ou des classes d'actifs spécifiques.

IMMOBILIER ET AUTRES ALTERNATIVES

En plus des véhicules d'investissement traditionnels comme les actions et les obligations, les investissements alternatifs peuvent compléter un portefeuille en offrant une diversification supplémentaire et des flux de revenus potentiels. Voici un aperçu de quelques investissements alternatifs populaires :

Immobilier: Investir dans l'immobilier peut générer des revenus locatifs et une plus-value immobilière. Les investissements immobiliers vont des propriétés résidentielles aux immeubles commerciaux et aux fiducies de placement immobilier (REIT). L'immobilier peut être une source de revenus stable, mais il nécessite souvent une gestion directe et comporte des risques liés à la valeur des propriétés et aux fluctuations du marché.

Produits : Les matières premières sont des actifs physiques comme l'or, l'argent, le pétrole et les produits agricoles. Investir dans les matières premières peut offrir une couverture contre l'inflation et diversifier un portefeuille. Cependant, les prix des matières premières peuvent être volatils, influencés par l'offre et la demande, les événements géopolitiques et d'autres facteurs.

Private Equity et hedge funds : Ces investissements impliquent de mettre en commun l'argent de plusieurs investisseurs pour investir dans des sociétés privées ou se couvrir contre les risques de marché. Ils offrent des rendements élevés mais nécessitent souvent des capitaux importants et sont moins réglementés, ce qui les rend plus risqués.

CHOISIR LES BONS VÉHICULES D'INVESTISSEMENT

La sélection des meilleurs véhicules d'investissement dépend des objectifs individuels, de la tolérance au risque et de l'horizon d'investissement. **Voici quelques conseils pour choisir les bons véhicules pour votre portefeuille :**

Identifiez vos objectifs d'investissement : Déterminez si vous visez une croissance à long terme, un revenu ou un mélange des deux. Cela vous aidera à sélectionner les véhicules d'investissement appropriés.

Évaluez votre tolérance au risque : Comprenez votre niveau de confort face au risque. Si vous préférez la stabilité, pensez aux obligations ou aux fonds communs de placement axés sur le revenu. Si vous êtes prêt à prendre plus de risques pour obtenir des rendements plus élevés, les actions ou les ETF axés sur la croissance pourraient convenir.

Considérez votre horizon d'investissement : La durée que vous envisagez d'investir affecte votre choix de véhicules. Pour les objectifs à court terme, optez pour des options à faible risque comme les obligations. Pour les objectifs à long terme, les actions et autres véhicules à plus haut risque peuvent générer des rendements importants.

Diversifiez votre portefeuille : Ne placez pas tous vos investissements dans un seul véhicule ou une seule classe d'actifs. Visez un portefeuille diversifié avec une combinaison d'actions, d'obligations et d'autres alternatives.

Tenez compte des frais et dépenses : Soyez conscient des frais associés aux fonds communs de placement et aux FNB. Des frais élevés peuvent éroder vos rendements au fil du temps. Recherchez des options rentables qui offrent une bonne diversification.

Examinez et ajustez régulièrement : À mesure que votre situation financière et vos objectifs évoluent, examinez vos véhicules de placement pour vous assurer qu'ils correspondent à vos objectifs.

En tenant compte de ces facteurs, vous pouvez choisir les véhicules d'investissement adaptés à vos objectifs et vous aider à constituer un portefeuille diversifié et équilibré.

LEÇONS CLÉS

- Différents véhicules d'investissement offrent divers avantages et risques.
- Comprendre ces véhicules vous aide à choisir ceux qui conviennent à votre portefeuille.

☐ L'immobilier et d'autres alternatives peuvent diversifier un portefeuille.

Des questions

1. Quels sont les principaux véhicules d'investissement et qu'est-ce qui les différencie ?

2. Quels sont les avantages d'inclure un bien immobilier dans un portefeuille ?

Réponses

1. Les principaux véhicules d'investissement sont les actions, les obligations, les fonds communs de placement, les ETF et l'immobilier. Les actions représentent la propriété d'une entreprise, tandis que les obligations sont des instruments de dette. Les fonds communs de placement et les FNB regroupent plusieurs actifs pour une diversification plus facile.

2. L'immobilier peut offrir des rendements stables, se protéger contre l'inflation et diversifier un portefeuille. Il peut également offrir des revenus locatifs et une plus-value du capital au fil du temps.

6. CONSTRUCTION DU PORTEFEUILLE

CONSTRUIRE UN PORTEFEUILLE DIVERSIFIÉ

La diversification est un principe fondamental de la construction d'un portefeuille, contribuant à réduire le risque et à améliorer le potentiel de rendements constants. Voici un guide sur la constitution d'un portefeuille diversifié en utilisant diverses classes d'actifs :

1. Identifiez vos classes d'actifs : *Un portefeuille diversifié comprend généralement un mélange de différentes classes d'actifs telles que des actions, des obligations, de l'immobilier et des liquidités. Envisagez d'inclure d'autres alternatives comme les matières premières ou les REIT pour une diversification supplémentaire.*

2. Diversifier au sein des classes d'actifs : *Au sein de chaque classe d'actifs, diversifiez-vous selon les industries et les secteurs. Pour les actions, pensez à la technologie, à la santé, aux biens de consommation et à l'énergie. Pour les obligations, choisissez une* combinaison d'obligations d'État et d'entreprises avec des échéances et des notations de crédit variables.

3. Inclure les investissements internationaux : La diversification géographique peut contribuer à réduire les risques. Investissez dans des actions et des obligations internationales pour répartir le risque entre différentes régions et économies.

4. Tenez compte des styles d'investissement : Mélangez des investissements axés sur la croissance, la valeur et le revenu pour équilibrer le risque et la récompense. Cette approche vous permet de capter le potentiel de croissance tout en maintenant un flux de revenus stable.

5. Équilibrer les actifs à haut et à faible risque : Déterminez votre tolérance au risque et équilibrez les actifs à haut risque comme les actions avec les actifs à faible risque comme les obligations. Cela aide à gérer la volatilité du portefeuille et assure la stabilité en cas de ralentissement du marché.

6. Utilisez une combinaison d'investissements actifs et passifs : Incluez des fonds gérés activement pour une surperformance potentielle et des investissements passifs comme des fonds indiciels pour une diversification rentable.

7. Surveillez et ajustez régulièrement : Examinez régulièrement la performance de votre portefeuille et effectuez les ajustements nécessaires pour maintenir la diversification et l'aligner sur votre stratégie d'investissement.

RÉPARTITION D'ACTIFS ET RÉÉQUILIBRAGE

L'allocation d'actifs fait référence à la manière dont vous répartissez vos investissements entre différentes classes d'actifs. Le rééquilibrage est le processus d'ajustement de votre allocation d'actifs pour maintenir l'équilibre risque-récompense souhaité. Voici pourquoi ces concepts sont importants et comment les mettre en œuvre :

Importance de la répartition des actifs : L'allocation d'actifs détermine le niveau de risque global et le rendement attendu de votre portefeuille. Une stratégie d'allocation bien pensée équilibre le risque et la récompense en fonction de vos objectifs et de votre tolérance au risque. Cela permet également de minimiser l'impact des fluctuations du marché.

Définition de votre allocation d'actifs : Déterminez la proportion de votre portefeuille à allouer à chaque classe d'actifs en fonction de vos objectifs d'investissement et de votre tolérance au risque. Par exemple, un investisseur conservateur pourrait investir davantage dans les obligations, tandis qu'un investisseur axé sur la croissance pourrait se concentrer sur les actions.

Rééquilibrage régulier : Au fil du temps, les fluctuations du marché peuvent modifier votre allocation d'actifs, entraînant un déséquilibre. Le rééquilibrage implique de vendre des actifs surperformants et de réinvestir dans des actifs sous-performants pour restaurer votre allocation d'actifs initiale. Ce processus garantit que votre portefeuille reste aligné sur votre tolérance au risque et votre stratégie d'investissement.

Fréquence de rééquilibrage : Rééquilibrez votre portefeuille régulièrement, par exemple annuellement ou semestriellement, pour maintenir la répartition d'actifs souhaitée. Un rééquilibrage trop fréquent peut entraîner des coûts de négociation excessifs, tandis qu'un rééquilibrage trop rare peut entraîner un déséquilibre du portefeuille.

UTILISER LES FONDS INDICIAUX ET LES ETF POUR UNE DIVERSIFICATION SIMPLIFIÉE

Les fonds indiciels et les fonds négociés en bourse (ETF) sont des véhicules d'investissement populaires pour parvenir à une large diversification et réduire les coûts. Voici comment ils peuvent être utilisés pour simplifier la diversification :

Avantages des fonds indiciels et des ETF : Les fonds indiciels et les ETF suivent des indices de marché spécifiques, offrant une large exposition à diverses classes d'actifs et secteurs. Ils offrent de faibles ratios de dépenses, ce qui en fait des options de diversification rentables.

Simplifier la diversification : Les fonds indiciels et les ETF vous permettent de diversifier votre portefeuille sans avoir à sélectionner des actions ou des obligations individuelles. Par exemple, investir dans un fonds indiciel S&P 500 vous donne une exposition à 500 actions américaines à grande capitalisation, tandis qu'un fonds indiciel obligataire offre une combinaison diversifiée d'obligations d'État et d'entreprises.

Utiliser les ETF pour la diversification sectorielle : Les ETF peuvent être utilisés pour obtenir une exposition à des secteurs ou des thèmes spécifiques, vous permettant ainsi de vous diversifier au sein de classes d'actifs. Par exemple, vous pouvez investir dans des ETF de technologie, de santé ou d'énergie pour parvenir à une diversification sectorielle.

Réduire les coûts avec les fonds indiciels : Les fonds indiciels ont généralement des frais de gestion inférieurs à ceux des fonds gérés activement. Cet avantage en termes de coût vous permet d'investir une plus grande partie de votre argent et d'obtenir potentiellement des rendements plus élevés au fil du temps.

Combiner des fonds indiciels et des ETF : Un portefeuille combinant des fonds indiciels et des ETF peut atteindre une large diversification à moindres coûts. Envisagez d'utiliser des fonds indiciels pour une large exposition au marché et des ETF pour des investissements sectoriels ou thématiques.

En utilisant ces stratégies, vous pouvez construire un portefeuille bien diversifié, maintenir une allocation d'actifs équilibrée et simplifier le processus de rééquilibrage via des fonds indiciels et des ETF. Cette approche aide à gérer les risques et prépare le terrain pour un investissement réussi à long terme.

LEÇONS CLÉS

- ☐ Construire un portefeuille diversifié est essentiel pour réduire les risques.
- ☐ L'allocation d'actifs et le rééquilibrage sont des éléments clés de la construction d'un portefeuille.
- ☐ Les fonds indiciels et les ETF offrent une diversification simplifiée.

Des questions

1. Quelles sont les étapes à suivre pour constituer un portefeuille diversifié ?
2. Comment le rééquilibrage aide-t-il à maintenir un portefeuille équilibré ?

Réponses

1. Pour constituer un portefeuille diversifié, commencez par déterminer votre tolérance au risque, choisissez une combinaison de véhicules d'investissement, répartissez les actifs entre différentes classes et diversifiez au sein de chaque classe (par exemple, différents secteurs pour les actions).

2. Le rééquilibrage consiste à ajuster la répartition des actifs de votre portefeuille pour maintenir l'équilibre souhaité, généralement en vendant des actifs qui ont trop progressé et en réinvestissant dans des actifs sous-performants.

7. ANALYSE DES INVESTISSEMENTS

ANALYSE FONDAMENTALE : ÉTATS FINANCIERS, RATIOS ET MÉTRIQUES

L'analyse fondamentale consiste à évaluer la valeur intrinsèque d'un investissement en examinant les états financiers, les ratios clés et d'autres mesures. Cette méthode est souvent utilisée pour évaluer les actions mais peut s'appliquer à d'autres actifs comme les obligations. Voici une introduction à l'analyse fondamentale et aux éléments clés à prendre en compte :

ÉTATS FINANCIERS

Releve de revenue: Affiche les revenus, les dépenses et les bénéfices d'une entreprise sur une période spécifique. Il aide à déterminer les tendances de rentabilité et de croissance.

Bilan: Détaille les actifs, les passifs et les capitaux propres d'une entreprise. Il donne un aperçu de la santé financière et de la structure du capital.

État des flux de trésorerie : Décrit les entrées et sorties de trésorerie, indiquant la capacité d'une entreprise à générer des liquidités et à financer ses opérations.

RATIOS ET INDICATEURS CLÉS

Ratio cours/bénéfice (P/E) : Compare le cours des actions d'une entreprise à son bénéfice par action. Un ratio P/E élevé peut suggérer une surévaluation, tandis qu'un ratio P/E faible peut indiquer une sous-évaluation.

Ratio prix/valeur comptable (P/B) : Compare le cours des actions d'une entreprise à sa valeur comptable (actifs moins passifs). Cela permet de déterminer si une action se négocie avec une prime ou une décote.

Retour sur capitaux propres (ROE) : Mesure la rentabilité d'une entreprise par rapport aux capitaux propres. Un ROE plus élevé indique une utilisation efficace des capitaux propres.

Ratio d'endettement : Évalue l'endettement d'une entreprise en comparant la dette totale aux capitaux propres. Un ratio élevé indique un effet de levier élevé, ce qui peut augmenter le risque.

Bénéfice par action (BPA) : Indique la rentabilité d'une entreprise par action. Un BPA en hausse suggère une croissance des bénéfices.

FACTEURS QUALITATIFS

Outre l'analyse numérique, tenez compte de facteurs qualitatifs tels que la qualité de la gestion, l'avantage concurrentiel et les tendances du secteur. Ces éléments peuvent influencer les perspectives à long terme d'une entreprise.

ANALYSE TECHNIQUE : GRAPHIQUES ET INDICATEURS

L'analyse technique examine les mouvements de prix, le volume des transactions et les modèles graphiques pour prédire les tendances futures des prix. Il est souvent utilisé par les traders pour prendre des décisions d'investissement à court terme. Voici une introduction à l'analyse technique et quelques concepts clés :

TYPES DE GRAPHIQUES

Graphiques linéaires : Des graphiques simples qui relient les cours de clôture sur une période spécifique. Ils donnent un aperçu de l'évolution des prix.

Diagramme à barres: Affichez les prix d'ouverture, de clôture, hauts et bas pour chaque séance de négociation, fournissant des informations plus détaillées.

Graphiques en chandeliers : Semblable aux graphiques à barres mais avec des éléments visuels supplémentaires pour mettre en évidence les mouvements et les modèles de prix.

INDICATEURS TECHNIQUES CLÉS

Moyennes mobiles : Calculez le prix moyen sur une période donnée, en lissant les fluctuations. Les types courants sont les moyennes mobiles simples (SMA) et les moyennes mobiles exponentielles (EMA).

Indice de force relative (RSI) : Mesure la dynamique des prix sur une échelle de 0 à 100. Un RSI supérieur à 70 suggère des conditions de surachat, tandis qu'un RSI inférieur à 30 indique des conditions de survente.

MACD (Divergence de Convergence Moyenne Mobile): Un indicateur de suivi de tendance qui montre la relation entre deux moyennes mobiles. Cela peut signaler des changements de tendance et des changements de dynamique.

Bandes de Bollinger : Composé d'une moyenne mobile et de deux bandes d'écart type. Les bandes de Bollinger indiquent la volatilité des prix et les points de cassure potentiels.

MODÈLES DE GRAPHIQUES

Niveaux de support et de résistance : points sur un graphique où les prix ont tendance à inverser la direction. Les niveaux de support empêchent les prix de baisser davantage, tandis que les niveaux de résistance empêchent les prix de monter.

Modèles courants : Des modèles tels que la tête et les épaules, les doubles sommets et les drapeaux peuvent signaler des inversions ou des continuations de tendance.

OUTILS ET RESSOURCES POUR L'ANALYSE DES INVESTISSEMENTS

L'analyse des investissements nécessite les bons outils et ressources pour mener efficacement une analyse fondamentale et technique. **Voici une liste d'outils et de ressources utiles pour faciliter l'analyse des investissements :**

Sites Web d'actualités financières : Des plateformes comme Yahoo Finance, CNBC et Bloomberg proposent des actualités, des analyses et des données de marché pour vous tenir informé.

Outils de sélection des actions : Des outils tels que Finviz et Morningstar vous aident à filtrer les actions en fonction de divers critères, notamment les ratios financiers et les secteurs industriels.

Logiciel de cartographie : Des programmes comme TradingView et MetaTrader fournissent des fonctionnalités graphiques avancées pour l'analyse technique.

Logiciel financier : Des plateformes comme Quicken et Mint vous aident à gérer votre portefeuille d'investissement et à suivre les performances.

Livres d'investissement : Considérez des livres comme « The Intelligent Investor » de Benjamin Graham pour l'analyse fondamentale et « Technical Analysis of the Financial Markets » de John Murphy pour l'analyse technique.

Cours et webinaires sur l'investissement : Les cours en ligne et les webinaires offrent une formation approfondie sur l'analyse des investissements, du niveau débutant au niveau avancé.

Conseillers et experts financiers : Consultez des conseillers financiers ou des experts pour obtenir des conseils et des orientations en investissement personnalisés.

En utilisant ces outils et ressources, vous pouvez effectuer une analyse approfondie des investissements, prendre des décisions éclairées et établir une base solide pour un investissement réussi.

LEÇONS CLÉS

☐ L'analyse fondamentale et technique est un outil important pour évaluer les investissements.

☐ Les états financiers, les ratios et les mesures sont essentiels à l'analyse fondamentale.

☐ L'analyse technique utilise des graphiques et des indicateurs pour identifier les tendances.

Des questions

1. Qu'est-ce que l'analyse fondamentale et qu'est-ce qu'elle implique ?

2. Quels sont les outils couramment utilisés dans l'analyse technique ?

Réponses

1. L'analyse fondamentale consiste à évaluer la santé et les performances financières d'une entreprise en analysant les états financiers, les ratios et les mesures telles que le ratio P/E, la croissance des revenus et les marges bénéficiaires.

2. Les outils d'analyse technique courants incluent les moyennes mobiles, les lignes de tendance, le RSI (Relative Strength Index) et le MACD (Moving Average Convergence Divergence). Ceux-ci aident à identifier les tendances et les points d'entrée/sortie potentiels pour les investissements.

PARTIE 3 : GESTION ET CROISSANCE DE VOTRE PORTEFEUILLE

8. GESTION DU PORTEFEUILLE

REVUE RÉGULIÈRE DU PORTEFEUILLE ET RÉÉQUILIBRAGE

Des examens réguliers du portefeuille sont essentiels pour garantir que vos investissements correspondent à vos objectifs, à votre tolérance au risque et aux conditions du marché. Le rééquilibrage aide à maintenir la répartition d'actifs souhaitée, évitant ainsi que votre portefeuille ne devienne trop risqué ou trop conservateur. Voici pourquoi des examens et un rééquilibrage réguliers sont cruciaux, ainsi que les étapes impliquées :

Pourquoi revoir votre portefeuille ? Des revues régulières de portefeuille vous permettent de :

Suivre les performances : Évaluez la performance de vos investissements par rapport à des références et à des objectifs personnels.

Identifiez les changements : Détectez tout changement dans l'allocation d'actifs dû aux mouvements du marché ou à des changements dans votre situation financière.

Ajuster la stratégie : Apportez les ajustements nécessaires à votre stratégie d'investissement pour qu'elle reste alignée sur vos objectifs et votre tolérance au risque.

ÉTAPES DE L'EXAMEN DU PORTEFEUILLE

1. Vérifiez la répartition des actifs : Assurez-vous que la répartition de l'actif de votre portefeuille correspond à votre plan d'investissement. Si l'allocation a dérivé, envisagez un rééquilibrage.

2. Évaluer les performances : Comparez la performance de vos investissements à des indices de référence pertinents, comme le S&P 500 pour les actions ou l'indice Bloomberg Barclays U.S. Aggregate Bond pour les obligations.

3. Identifiez les actifs sous-performants : Déterminez si des actifs sont systématiquement sous-performants et envisagez de les remplacer par des options plus performantes.

4. Évaluer l'exposition aux risques : Examinez le niveau de risque de votre portefeuille pour vous assurer qu'il correspond à votre tolérance au risque.

RÉÉQUILIBRAGE

Pourquoi rééquilibrer ? Le rééquilibrage aide à maintenir l'allocation d'actifs souhaitée et réduit le risque de surexposition à des actifs spécifiques.

Quand rééquilibrer ? Rééquilibrez à intervalles réguliers (par exemple, annuellement ou semestriellement) ou lorsque votre allocation d'actifs dérive d'une marge significative (par exemple, 5 à 10 %).

Comment rééquilibrer ? Vendez les actifs qui ont surperformé pour les ramener en ligne avec votre allocation cible et réinvestissez dans des actifs sous-performants pour rétablir l'équilibre.

ADAPTER LES STRATÉGIES D'INVESTISSEMENT DANS LE TEMPS

Les stratégies d'investissement doivent s'adapter à l'évolution des conditions du marché, de la situation personnelle et des objectifs financiers. Voici comment ajuster votre stratégie d'investissement au fil du temps :

Surveiller les tendances du marché : Restez informé des tendances du marché, des indicateurs économiques et des événements mondiaux qui pourraient avoir un impact sur vos investissements. Cette prise de conscience vous aide à adapter votre stratégie aux conditions changeantes.

Ajuster aux événements de la vie : Les événements majeurs de la vie, comme le mariage, la naissance d'enfants ou la retraite, peuvent affecter vos objectifs financiers et votre tolérance au risque. Adaptez votre stratégie d'investissement pour refléter ces changements.

Considérez l'horizon temporel : À l'approche d'étapes financières importantes (par exemple la retraite), ajustez votre répartition d'actifs pour réduire les risques et accroître la stabilité.

Réévaluer la tolérance au risque : Évaluez périodiquement votre tolérance au risque pour vous assurer qu'elle correspond à votre situation actuelle et à vos objectifs futurs.

Explorez de nouvelles opportunités d'investissement : À mesure que vos connaissances en investissement se développent, envisagez d'explorer de nouveaux véhicules ou stratégies d'investissement pour diversifier votre portefeuille.

FAIRE FACE À LA VOLATILITÉ DES MARCHÉS ET AUX CHANGEMENTS ÉCONOMIQUES

La volatilité des marchés et les changements économiques peuvent créer de l'incertitude pour les investisseurs. **Voici des stratégies pour gérer la volatilité des marchés et s'adapter aux changements économiques :**

Maintenir un portefeuille diversifié : La diversification contribue à réduire l'impact de la volatilité des marchés en répartissant le risque entre différentes classes d'actifs et secteurs.

Concentrez-vous sur les objectifs à long terme : Évitez de prendre des décisions impulsives basées sur les fluctuations du marché à court terme. Gardez à l'esprit vos objectifs financiers à long terme pour rester concentré pendant les périodes de volatilité.

Utilisez des investissements défensifs : Pensez à ajouter des investissements défensifs, tels que des obligations ou des actions versant des dividendes, à votre portefeuille. Ces actifs ont tendance à être plus stables en période de ralentissement des marchés.

Conservez des réserves de trésorerie : Conservez une partie de votre portefeuille en espèces ou quasi-espèces pour fournir liquidité et flexibilité en période de turbulences.

Restez discipliné : Évitez les investissements émotionnels et respectez votre stratégie d'investissement. Revoyez vos objectifs financiers pour garder les pieds sur terre.

Surveiller les indicateurs économiques : Gardez un œil sur les indicateurs économiques, tels que la croissance du PIB, l'inflation et les taux d'intérêt. Ces informations vous aident à anticiper les changements économiques et à ajuster votre portefeuille en conséquence.

Demander des conseils professionnels : Consultez un conseiller financier ou un professionnel de l'investissement pour obtenir des conseils personnalisés pendant les périodes de volatilité des marchés ou d'incertitude économique.

En mettant en œuvre ces stratégies, vous pouvez gérer votre portefeuille efficacement, vous adapter aux conditions changeantes et gérer la volatilité des marchés en toute confiance.

LEÇONS CLÉS

□ Un examen et un rééquilibrage réguliers du portefeuille sont essentiels au maintien d'un portefeuille réussi.

□ Les stratégies d'investissement doivent être adaptées au fil du temps pour répondre à l'évolution des objectifs et des conditions du marché.

□ La gestion de la volatilité des marchés et des changements économiques est la clé du succès à long terme.

Des questions

1. Pourquoi un examen régulier du portefeuille est-il important ?

2. Comment gérer la volatilité des marchés dans votre portefeuille ?

Réponses

1. Un examen régulier du portefeuille garantit que vos investissements correspondent à vos objectifs et à votre tolérance au risque. Cela permet d'identifier si un rééquilibrage est nécessaire et si des ajustements sont nécessaires en raison de l'évolution des conditions du marché.

2. Pour gérer la volatilité des marchés, maintenir un portefeuille diversifié, se concentrer sur des objectifs à long terme et éviter les décisions émotionnelles lors des fluctuations du marché. Pensez à utiliser des stratégies telles que des ordres stop loss ou des couvertures pour vous protéger contre des pertes importantes.

9. FINANCE COMPORTEMENTALE

La finance comportementale explore l'impact des préjugés émotionnels et cognitifs sur le comportement des investisseurs, conduisant souvent à des décisions d'investissement sous-optimales. Comprendre ces préjugés et apprendre à les surmonter est crucial pour le succès des investissements à long terme.

COMPRENDRE LES BIAIS ÉMOTIONNELS ET COGNITIFS

Les investisseurs prennent souvent des décisions fondées sur des émotions ou des raccourcis cognitifs, ce qui peut conduire à des erreurs. Voici quelques préjugés courants qui affectent le comportement des investisseurs :

Biais d'excès de confiance : La tendance à surestimer ses connaissances ou ses capacités prédictives. Les investisseurs trop confiants peuvent prendre des risques excessifs, entraînant des pertes importantes.

Biais de confirmation: La tendance à rechercher des informations qui confirment les croyances existantes tout en ignorant les preuves qui les contredisent. Cela peut conduire à des décisions d'investissement erronées.

Mentalité de troupeau : La tendance à suivre les actions d'un groupe plus large. Cela peut conduire à acheter à un prix élevé et à vendre à un prix bas, car les investisseurs suivent les tendances du marché sans évaluation critique.

Aversion aux pertes : La tendance à préférer éviter les pertes plutôt que d'acquérir des gains. Ce biais peut conduire à conserver trop longtemps des investissements perdants ou à vendre trop tôt des investissements gagnants.

Biais d'ancrage : La tendance à trop s'appuyer sur les informations initiales pour prendre des décisions. Les investisseurs peuvent devenir obsédés par un prix ou un point de données spécifique, affectant leur jugement.

Biais de disponibilité : La tendance à s'appuyer sur des informations facilement disponibles pour prendre des décisions. Cela peut conduire à ignorer les tendances plus larges ou à trop insister sur les événements récents.

STRATÉGIES POUR RESTER DISCIPLINE

Pour lutter contre les préjugés émotionnels et cognitifs, les investisseurs doivent faire preuve de discipline et s'en tenir à leurs stratégies d'investissement. **Voici quelques stratégies efficaces pour rester discipliné :**

Élaborer un plan d'investissement clair : Créez un plan d'investissement structuré avec des objectifs spécifiques, une allocation d'actifs et des règles de rééquilibrage. Un plan bien défini aide à orienter les décisions d'investissement et réduit l'impact des réactions émotionnelles.

Concentrez-vous sur les objectifs à long terme : Gardez à l'esprit vos objectifs financiers à long terme pour éviter de prendre des décisions impulsives basées sur les fluctuations des marchés à court terme.

Automatisez les décisions d'investissement : Pensez à utiliser des outils d'investissement automatisés ou des robots-conseillers pour gérer votre portefeuille. L'automatisation contribue à réduire l'impact de l'investissement émotionnel.

Examens réguliers du portefeuille : Planifiez des examens réguliers de votre portefeuille pour suivre les performances et effectuer des ajustements en fonction de votre plan d'investissement. Cette routine aide à maintenir la discipline.

Rechercher des perspectives diverses : Consultez des conseillers financiers ou des sources fiables pour une perspective plus large. Cela permet de remettre en question vos préjugés et de confirmer vos décisions.

Limiter la surveillance du marché : Une surveillance excessive de l'actualité du marché peut entraîner des réactions émotionnelles. Limitez votre surveillance du marché pour éviter le stress et l'anxiété inutiles.

Maintenir des réserves de trésorerie adéquates : Disposer de réserves de liquidités réduit le besoin de vendre des investissements en période de ralentissement économique, ce qui vous permet de rester discipliné pendant les périodes volatiles.

ERREURS COURANTES DES INVESTISSEURS À ÉVITER

Les investisseurs commettent souvent des erreurs qui peuvent nuire à la réussite de leurs investissements. **Voici une liste d'erreurs courantes et des conseils pour les éviter :**

À la poursuite des performances : Les investisseurs peuvent rechercher des actions ou des fonds très performants, ce qui conduit à acheter à un prix élevé et à vendre à un prix bas. Concentrez-vous sur un portefeuille diversifié et évitez de suivre les tendances sans analyse.

Sur-négociation : Les échanges fréquents augmentent les coûts et les taxes, réduisant ainsi les rendements globaux. Respectez votre plan d'investissement et évitez les transactions inutiles.

Ignorer la diversification : Un manque de diversification augmente le risque. Construisez un portefeuille diversifié dans les classes d'actifs, les secteurs et les régions géographiques.

Chronométrer le marché : Tenter de chronométrer les mouvements du marché conduit souvent à de mauvais résultats. Concentrez-vous sur les objectifs à long terme et évitez le timing du marché.

Investissement émotionnel : Prendre des décisions fondées sur les émotions plutôt que sur la logique peut entraîner des erreurs coûteuses. Utilisez des stratégies pour rester discipliné et réduire les investissements émotionnels.

Sous-estimer le risque : Négliger les risques associés à certains investissements peut entraîner des pertes importantes. Comprendre le profil de risque de chaque investissement et maintenir un portefeuille équilibré.

Négliger le rééquilibrage : Ne pas rééquilibrer votre portefeuille peut conduire à une allocation d'actifs déséquilibrée. Rééquilibrez régulièrement pour maintenir le niveau de risque souhaité.

En comprenant ces préjugés, en mettant en œuvre des stratégies de discipline et en évitant les erreurs courantes des investisseurs, vous pouvez prendre des décisions plus éclairées et réussir vos investissements à long terme.

LEÇONS CLÉS

☐ Les préjugés émotionnels et cognitifs peuvent affecter les décisions d'investissement.

☐ Rester discipliné et éviter les erreurs courantes des investisseurs est crucial.

☐ Comprendre la finance comportementale aide à gérer les émotions lors de l'investissement.

Des questions

1. Quels sont les préjugés émotionnels et cognitifs courants en matière d'investissement ?

2. Quelles stratégies peuvent vous aider à rester discipliné dans votre approche d'investissement ?

Réponses

1. Les préjugés courants incluent l'aversion aux pertes (préférant éviter les pertes plutôt que de réaliser des gains), l'excès de confiance et la mentalité grégaire

(suivre la foule). Cela peut conduire à de mauvaises décisions d'investissement.

2. Pour rester discipliné, fixez des objectifs d'investissement clairs, créez un plan d'investissement écrit et évitez de réagir aux fluctuations du marché à court terme. De plus, maintenez une perspective à long terme et demandez conseil à un professionnel en cas de besoin.

10. IMPLICATIONS FISCALES ET CONSIDÉRATIONS JURIDIQUES

Les investissements comportent diverses implications fiscales et exigences légales. Comprendre ces facteurs vous aide à optimiser les rendements et à vous conformer aux réglementations. Explorons les bases de la fiscalité des investissements, les comptes fiscalement avantageux et les considérations juridiques.

APERÇU DE LA FISCALITÉ DES INVESTISSEMENTS

La fiscalité des investissements peut avoir un impact significatif sur vos rendements. Voici un aperçu des concepts de base et des différents traitements fiscaux pour différents types d'investissement :

Impôt sur les plus-values : Les gains en capital se produisent lorsque vous vendez un investissement à un prix supérieur à celui que vous avez payé. Il existe deux types de plus-values :

Plus-values à court terme : Les gains provenant de placements détenus depuis moins d'un an sont généralement imposés à votre taux d'imposition sur le revenu ordinaire.

Gains en capital à long terme : Les gains provenant de placements détenus pendant plus d'un an sont imposés à des taux réduits, qui varient en fonction de votre niveau de revenu.

Fiscalité des dividendes : Les dividendes sont des paiements versés par les entreprises aux actionnaires. Ils sont imposés différemment selon le type :

Dividendes qualifiés : Imposés aux taux des gains en capital à long terme s'ils répondent à des exigences spécifiques (par exemple, période de détention, payés par une société américaine ou étrangère qualifiée).

Dividendes ordinaires : Imposés à votre taux d'imposition ordinaire sur le revenu s'ils ne répondent pas aux critères de dividendes qualifiés.

Le revenu d'intérêts: Les intérêts gagnés sur les obligations, les comptes d'épargne ou d'autres investissements à revenu fixe sont généralement imposés à votre taux d'imposition sur le revenu ordinaire.

Frais d'investissement déductibles d'impôt :

Certaines dépenses liées aux placements, comme les honoraires des conseillers financiers, peuvent être déductibles aux fins fiscales. Vérifiez auprès d'un fiscaliste pour obtenir des directives spécifiques.

Compensation des gains en capital par des pertes : Vous pouvez utiliser les pertes en capital pour compenser les gains en capital, réduisant ainsi votre revenu imposable. Si les pertes dépassent les gains, vous pouvez les reporter sur les années d'imposition futures.

COMPTES AVANTAGES FISCAUX (PAR EX., IRAS, 401(K)S)

Les comptes fiscalement avantageux offrent des possibilités de minimiser les impôts et de maximiser les rendements. **Voici un aperçu des comptes courants fiscalement avantageux:**

Comptes de retraite individuels (IRA) : Les IRA sont conçus pour l'épargne-retraite. Il en existe deux types principaux :

IRA traditionnel : Les cotisations sont souvent déductibles d'impôt et les revenus de placement augmentent avec report d'impôt. Les retraits effectués pendant la retraite sont imposés comme un revenu ordinaire.

Roth IRA : Les cotisations sont versées avec des dollars après impôt, mais les revenus de placement augmentent en franchise d'impôt et les retraits admissibles sont en franchise d'impôt.

Régimes 401(k) : Régimes de retraite parrainés par l'employeur qui permettent aux employés de cotiser à un revenu avant impôt. Les cotisations et les revenus de placement augmentent avec report d'impôt, et les retraits pendant la retraite sont imposés comme un revenu ordinaire.

403(b) Régimes : Semblable aux plans 401(k), mais conçu pour les employés d'organisations à but non lucratif, d'écoles et d'autres institutions publiques.

Comptes d'épargne santé (HSA) : Comptabilise les frais médicaux avec avantages fiscaux. Les cotisations sont déductibles d'impôt, les revenus augmentent en franchise d'impôt et les retraits admissibles pour frais médicaux sont également exonérés d'impôt.

Ces comptes fiscalement avantageux offrent des avantages importants pour la croissance des investissements à long terme. En les utilisant stratégiquement, vous pouvez optimiser vos retours sur investissement et réduire votre fardeau fiscal.

CONFORMITÉ LÉGALE ET RÉGLEMENTATION

L'investissement s'accompagne de conformité juridique et de considérations réglementaires. Voici ce que vous devez savoir :

Règlement sur les valeurs mobilières : Les activités d'investissement sont régies par diverses lois et réglementations, telles que le Securities Act de 1933 et le Securities Exchange Act de 1934. Ces lois garantissent la transparence, protègent les investisseurs et préviennent la fraude.

Conformité aux lois fiscales : Assurer le respect des lois et réglementations fiscales liées à la fiscalité des investissements. Cela comprend une déclaration précise des gains en capital, des dividendes et des autres revenus de placement.

Délits d'initiés et manipulations de marché : Les délits d'initiés (utilisation d'informations non publiques à des fins de négociation) et les manipulations de marché (manipulation des cours des actions) sont illégaux et passibles de sanctions sévères.

Les autorités réglementaires: La Securities and Exchange Commission (SEC) et la Financial Industry Regulatory Authority (FINRA) sont les principaux organismes de réglementation qui supervisent les activités d'investissement. Familiarisez-vous avec leurs directives et réglementations.

Règlement sur les conseillers en placement : Si vous travaillez avec un conseiller financier, assurez-vous qu'il est enregistré auprès des autorités de réglementation appropriées et qu'il respecte les normes fiduciaires.

Protections des investisseurs : Comprenez vos droits en tant qu'investisseur et les protections offertes par les organismes de réglementation. Cela implique de savoir où signaler les pratiques d'investissement frauduleuses ou contraires à l'éthique.

En comprenant ces implications fiscales et ces considérations juridiques, vous pouvez prendre des décisions d'investissement éclairées, optimiser vos rendements et garantir le respect des réglementations en vigueur. Consultez toujours un fiscaliste ou un conseiller juridique pour obtenir des conseils personnalisés.

LEÇONS CLÉS

☐ Comprendre la fiscalité des investissements vous aide à gérer votre portefeuille plus efficacement.

☐ Les comptes fiscalement avantageux comme les IRA et les 401(k) offrent des avantages aux investisseurs.

☐ La conformité légale et les réglementations sont importantes pour éviter les problèmes liés aux investissements.

Des questions

1. Quelles sont les implications fiscales courantes pour les investissements ?

2. Comment les comptes fiscalement avantageux peuvent-ils profiter aux investisseurs ?

Réponses

1. Les implications fiscales courantes comprennent l'impôt sur les plus-values, l'impôt sur les dividendes et l'impôt sur les revenus d'intérêts. Les gains en capital à long terme sont généralement imposés à des taux inférieurs, tandis que les gains à court terme sont imposés à des taux plus élevés.

2. Les comptes fiscalement avantageux comme les IRA et les 401(k) offrent des avantages fiscaux, vous permettant d'investir de l'argent avant impôt ou de reporter les impôts jusqu'à la retraite. Ces comptes contribuent à réduire les impôts exigibles et encouragent les investissements à long terme.

PARTIE 4 : SUJETS ET RESSOURCES AVANCÉS

11. CONCEPTS D'INVESTISSEMENT AVANCÉS

INTRODUCTION AUX DÉRIVÉS, OPTIONS ET FUTURES

Les dérivés, les options et les contrats à terme sont des instruments financiers complexes dérivés d'actifs sous-jacents tels que des actions, des obligations ou des matières premières. Ils offrent des opportunités uniques mais comportent également des risques importants. Voici une brève introduction à ces concepts :

Dérivés: Instruments financiers qui tirent leur valeur d'un actif, d'un indice ou d'un taux sous-jacent. Ils sont souvent utilisés pour couvrir les risques ou spéculer sur les mouvements de prix. Les types courants de produits dérivés comprennent les options, les contrats à terme, les swaps et les contrats à terme.

Possibilités : Contrats qui donnent à leur titulaire le droit, mais non l'obligation, d'acheter ou de vendre un actif à un prix prédéterminé dans un délai précis. Les options peuvent être utilisées pour couvrir le risque ou spéculer sur les mouvements de prix.

Options d'appel : Donner au détenteur le droit d'acheter un actif à un prix spécifique avant une certaine date. Les investisseurs utilisent les options d'achat pour spéculer sur les hausses de prix.

Options de vente : Donner au détenteur le droit de vendre un actif à un prix précis avant une certaine date. Les investisseurs utilisent les options de vente pour se protéger contre les baisses de prix ou pour spéculer sur les tendances à la baisse.

Futures : Contrats pour acheter ou vendre un actif à un prix prédéterminé à une date future. Les contrats à terme sont standardisés et négociés en bourse. Ils sont couramment utilisés sur les matières premières et les marchés financiers.

Les usages: Les investisseurs utilisent les contrats à terme pour se protéger contre les fluctuations des prix des matières premières ou pour spéculer sur les tendances du marché.

Des risques: Les contrats à terme comportent un effet de levier important, amplifiant les gains et les pertes. Cela les rend plus risqués que les investissements traditionnels.

EXPLORER LES HEDGE FUNDS ET LE PRIVATE-EQUIT

Les hedge funds et le private equity représentent des véhicules d'investissement alternatifs qui diffèrent des investissements traditionnels. Ils proposent des stratégies uniques et des rendements élevés, mais sont généralement plus risqués et moins réglementés. Voici ce que vous devez savoir sur ces concepts :

Fonds spéculatifs : Fonds d'investissement qui utilisent diverses stratégies, notamment des positions longues et courtes, un effet de levier et des produits dérivés, pour générer des rendements élevés. Les hedge funds s'adressent souvent aux particuliers fortunés et aux investisseurs institutionnels.

Stratégies: Les hedge funds utilisent diverses stratégies pour maximiser les rendements, telles que des stratégies neutres par rapport au marché, axées sur les événements et macroéconomiques mondiales.

Des risques: Les hedge funds comportent généralement un risque plus élevé en raison de l'effet de levier et des stratégies spéculatives. Ils sont moins réglementés, ce qui les rend plus risqués pour les investisseurs individuels.

Capital-investissement : Fonds d'investissement qui investissent dans des entreprises privées ou rachètent des entreprises publiques pour les privatiser. Les sociétés de capital-investissement visent à améliorer les performances de l'entreprise et éventuellement à vendre avec profit.

Horizon d'investissement : Les investissements en capital-investissement ont un horizon à plus long terme, nécessitant souvent plusieurs années pour que les rendements se matérialisent.

Des risques: Le capital-investissement implique des capitaux importants et peut être très illiquide. Le manque de surveillance publique peut également accroître les risques.

RISQUES D'INVESTISSEMENT INTERNATIONAL ET DE CHANGE

L'investissement international consiste à investir sur les marchés étrangers, offrant ainsi une diversification et une exposition à la croissance mondiale. Cependant, cela comporte des risques uniques, notamment les fluctuations monétaires et l'incertitude géopolitique. Voici un aperçu de l'investissement international et des risques associés :

AVANTAGES DE L'INVESTISSEMENT INTERNATIONAL

Diversification: Investir sur les marchés étrangers réduit le risque en répartissant les investissements entre différentes économies et secteurs.

Exposition à la croissance mondiale : L'investissement international vous permet de capitaliser sur la croissance des marchés émergents et d'autres régions du monde.

Diversification des devises : Investir dans des actifs libellés en devises diversifie votre exposition aux devises.

Risques de change : Les fluctuations monétaires peuvent avoir un impact sur les rendements des investissements internationaux. **Voici ce que vous devez savoir sur les risques de change :**

Mouvements du taux de change : Les variations des taux de change peuvent affecter la valeur des investissements internationaux. Un dollar américain plus fort peut réduire les rendements des actifs étrangers, tandis qu'un dollar plus faible peut augmenter les rendements.

Couverture du risque de change : Les investisseurs peuvent utiliser des produits dérivés sur devises ou investir dans des fonds couverts contre les devises pour gérer le risque de change.

Risques géopolitiques : L'investissement international est soumis aux événements géopolitiques, tels que l'instabilité politique, les différends commerciaux et les changements réglementaires. Ces risques peuvent affecter la valeur des investissements internationaux.

Recherche et diligence raisonnable :
Avant d'investir à l'international, effectuez des recherches approfondies sur l'économie, la stabilité politique et l'environnement réglementaire du pays.

VÉHICULES D'INVESTISSEMENT INTERNATIONAL

Fonds communs de placement et ETF internationaux : Ces fonds offrent une large exposition aux marchés internationaux, réduisant ainsi la complexité de la sélection de titres individuels.

Certificats américains de dépôt (ADR) : Les ADR sont des titres négociés aux États-Unis représentant des actions de sociétés étrangères. Ils offrent un moyen d'investir dans des entreprises internationales via les bourses américaines.

En explorant ces concepts d'investissement avancés et en comprenant leurs risques et avantages, vous pouvez élargir vos horizons d'investissement et diversifier votre portefeuille avec des stratégies d'investissement plus sophistiquées.

LEÇONS CLÉS

☐ Les produits dérivés, les options et les contrats à terme sont des instruments d'investissement avancés présentant des risques et des avantages uniques.

☐ Les hedge funds et le private equity sont des investissements alternatifs offrant des rendements élevés mais un risque plus élevé.

☐ L'investissement international expose les investisseurs aux risques de change et aux tendances des marchés mondiaux.

Des questions

1. Que sont les produits dérivés et comment sont-ils utilisés en investissement ?

2. Quels sont les risques associés aux hedge funds et au private equity ?

Réponses

1. Les produits dérivés sont des contrats financiers qui tirent leur valeur d'un actif sous-jacent, comme des actions ou des matières premières. Ils sont utilisés à des fins de couverture, de spéculation ou d'effet de levier lors d'investissements.

2. Les hedge funds et les fonds de capital-investissement comportent des risques plus élevés en raison de leur nature spéculative et d'une surveillance réglementaire moindre. Ils nécessitent souvent un capital important et peuvent avoir une liquidité inférieure à celle des investissements traditionnels.

12. RESSOURCES ET OUTILS

Pour gérer et faire croître efficacement vos investissements, il est utile d'avoir accès à des ressources fiables, à des logiciels financiers et à des conseils d'experts. Ce chapitre propose des livres et des sites Web recommandés pour un apprentissage plus approfondi, des logiciels et applications financiers populaires pour la gestion de portefeuille, ainsi que des conseils pour trouver des conseillers financiers dignes de confiance.

LIVRES ET SITES WEB RECOMMANDÉS

Les livres et les sites Web offrent des informations précieuses sur divers sujets d'investissement. Voici quelques ressources recommandées pour un apprentissage plus approfondi et la gestion de portefeuille :

LIVRES:

"L'investisseur intelligent" de Benjamin Graham : Un livre classique sur l'investissement de valeur qui explore les principes d'un investissement réussi et d'une gestion des risques.

"Une promenade aléatoire dans Wall Street" par Burton Malkiel : Ce livre examine la théorie des marchés efficaces et les stratégies d'investissement passif.

« Actions ordinaires et bénéfices inhabituels » par Philip Fisher : Un guide de l'investissement de croissance, axé sur une approche qualitative de la sélection de titres.

"One Up On Wall Street" de Peter Lynch : Lynch partage son approche de l'investissement et offre des conseils pratiques aux investisseurs individuels.

SITES INTERNET:

Investopédia : Une ressource complète sur les conditions financières, les concepts d'investissement et les articles pédagogiques sur l'investissement.

Yahoo finance: Propose des actualités financières, des données boursières et des outils de suivi de portefeuille.

L'étoile du matin: Fournit des analyses de fonds communs de placement et d'ETF, ainsi que des recherches et des notations en matière d'investissement.

À la recherche d'Alpha : Une plateforme communautaire avec des articles sur l'investissement et des analyses réalisées par des experts financiers et des investisseurs individuels.

CNBC : Fournit des actualités financières et des mises à jour du marché, ainsi que des informations et des analyses sur les investissements.

LOGICIELS ET APPLICATIONS FINANCIÈRES POUR LA GESTION DE PORTEFEUILLE

La gestion de votre portefeuille d'investissement nécessite de l'organisation et du suivi. **Voici quelques logiciels et applications financiers populaires qui peuvent vous aider** :

Accélérer: Un logiciel complet de finances personnelles qui vous permet de suivre les investissements, les dépenses et la budgétisation.

Comme: Une application de budgétisation et de gestion financière qui comprend des fonctionnalités de suivi des investissements.

Capital personnel : *Une plateforme de gestion de portefeuille qui fournit des services de suivi des investissements, de planification de la retraite et de conseil financier.*

SigFig : *Une application de gestion de portefeuille qui offre un suivi des investissements, une analyse de portefeuille et des recommandations de rééquilibrage.*

Gestionnaire de portefeuille Morningstar : *Un outil pour suivre et analyser votre portefeuille d'investissement, fournissant des rapports détaillés et des mesures de performance.*

CONSEILS POUR TROUVER DES CONSEILLERS FINANCIERS FIABLES

Trouver un conseiller financier fiable est crucial pour des conseils et des orientations en investissement personnalisés. **Voici des conseils pour trouver des conseillers dignes de confiance et ce qu'il faut rechercher chez un bon conseiller :**

Recherchez les informations d'identification : *Recherchez des conseillers possédant des qualifications* reconnues, telles que Certified Financial Planner (CFP) ou Chartered Financial Analyst (CFA). Ces références indiquent un haut niveau d'expertise et le respect des normes éthiques.

Vérifiez l'enregistrement et la licence : Assurez-vous que le conseiller est enregistré auprès des autorités de réglementation appropriées, telles que la Securities and Exchange Commission (SEC) ou la Financial Industry Regulatory Authority (FINRA).

Comprendre la structure de rémunération du conseiller : Découvrez comment le conseiller est rémunéré, que ce soit sous forme d'honoraires, de commissions ou d'une combinaison. Les conseillers rémunérés uniquement à honoraires sont généralement considérés comme plus transparents et impartiaux.

Évaluer l'expérience et l'expertise : Tenez compte de l'expérience du conseiller dans le secteur des placements et de son expertise en matière de gestion de portefeuilles. Recherchez des conseillers qui ont fait leurs preuves et qui ont de l'expérience avec des clients semblables à vous.

Rechercher des références et des avis : Demandez des références à des clients actuels ou anciens et lisez les avis en ligne pour évaluer la réputation du conseiller.

Évaluer la communication et la transparence : Choisissez un conseiller qui communique clairement et est transparent sur son approche d'investissement. Un bon conseiller doit être prêt à répondre à vos questions et à vous expliquer les concepts d'investissement.

Assurer la responsabilité fiduciaire : Confirmez que le conseiller a l'obligation fiduciaire d'agir dans votre meilleur intérêt. Les conseillers fiduciaires sont légalement tenus de donner la priorité aux intérêts de leurs clients plutôt qu'aux leurs.

Planifier une consultation : Avant de vous engager auprès d'un conseiller, planifiez une consultation pour discuter de vos objectifs financiers, de votre stratégie d'investissement et de l'approche du conseiller. Cette rencontre vous aidera à déterminer si le conseiller vous convient.

En utilisant ces ressources, logiciels financiers et conseils pour trouver des conseillers financiers fiables, vous pouvez prendre des décisions d'investissement éclairées, gérer efficacement votre portefeuille et atteindre vos objectifs financiers.

LEÇONS CLÉS

- ☐ Des ressources et des outils fiables sont essentiels pour gérer efficacement les investissements.
- ☐ Les livres, sites Web et logiciels recommandés peuvent aider à suivre et à analyser les investissements.
- ☐ Trouver un conseiller financier digne de confiance est crucial pour une orientation professionnelle.

Des questions

1. Quelles sont les ressources utiles pour en savoir plus sur l'investissement ?

2. Quels facteurs devez-vous prendre en compte lors du choix d'un conseiller financier ?

Réponses

1. Les ressources utiles incluent des livres d'investissement (comme « The Intelligent Investor »), des sites Web financiers (tels que Investopedia) et des logiciels/applications pour le suivi et l'analyse de portefeuille (comme Personal Capital ou Mint).

2. Lorsque vous choisissez un conseiller financier, tenez compte de ses références, de son expérience, de sa structure tarifaire et de son approche en matière d'investissement. Recherchez un conseiller fiduciaire qui agit dans votre meilleur intérêt et s'aligne sur vos objectifs d'investissement.

13. CONCLUSION

RÉCAPITULATIF DES POINTS CLÉS

Alors que nous concluons ce guide complet sur la gestion et la croissance de vos investissements, **récapitulons les points clés abordés dans le livre et leur signification** :

Comprendre les investissements : Nous avons exploré les bases des investissements, y compris les termes clés, les types d'investissements et leurs profils de risque. Cette base est essentielle pour prendre des décisions éclairées et comprendre le rôle des investissements dans l'atteinte des objectifs financiers.

Stratégie d'investissement : Nous avons discuté de l'importance d'avoir une stratégie d'investissement structurée et de la manière de fixer des objectifs financiers. Nous avons également examiné différents styles d'investissement et fourni des conseils sur la création d'un plan d'investissement personnalisé.

Gestion des risques: La gestion des risques est un aspect essentiel d'un investissement réussi. Nous avons exploré les risques d'investissement courants, les stratégies de diversification, les techniques de couverture et l'équilibre entre risque et rendement dans un portefeuille.

Construire un portefeuille diversifié : Cette section s'est concentrée sur la construction d'un portefeuille diversifié, y compris la répartition d'actifs, le rééquilibrage et les avantages de l'utilisation de fonds indiciels et d'ETF pour une diversification simplifiée.

Analyse des investissements : Nous avons introduit l'analyse fondamentale et technique, expliquant comment évaluer les investissements à l'aide de ratios financiers, de modèles graphiques et d'autres outils. Nous avons également répertorié des ressources utiles pour effectuer une analyse des investissements.

Gérer et développer votre portefeuille : Une gestion de portefeuille efficace implique des examens réguliers, l'adaptation des stratégies au fil du temps et la gestion de la volatilité des marchés. Nous avons discuté de stratégies pour rester discipliné, éviter les erreurs courantes des investisseurs et comprendre les implications fiscales et les considérations juridiques.

Sujets et ressources avancés : Cette section couvrait des concepts d'investissement avancés, tels que les dérivés, les options et les contrats à terme. Nous avons également exploré les hedge funds, le capital-investissement et l'investissement international. De plus, nous avons recommandé des livres, des sites Web, des logiciels financiers et des conseils pour trouver des conseillers financiers fiables.

ENCOURAGEMENT POUR UN SUCCÈS CONTINU DES INVESTISSEMENTS

Investir est un voyage qui nécessite de la patience, de la discipline et un apprentissage continu. À mesure que vous progressez, rappelez-vous que le succès ne se produit pas du jour au lendemain. Restez concentré sur vos objectifs à long terme, maintenez un portefeuille diversifié et adaptez-vous aux conditions changeantes du marché.

Même face à la volatilité ou aux revers des marchés, gardez un état d'esprit positif et restez engagé dans votre stratégie d'investissement. La clé du succès est la cohérence, la discipline et la volonté d'apprendre de vos expériences. N'oubliez pas que tout investisseur prospère a été confronté à des défis, mais il les utilise comme opportunités de croissance et d'amélioration.

RESSOURCES SUPPLÉMENTAIRES POUR L'APPRENTISSAGE CONTINU

La connaissance des investissements est un voyage continu et il y a toujours de nouvelles connaissances à acquérir. **Voici des ressources et plateformes supplémentaires sur lesquelles vous pouvez continuer à élargir vos connaissances en investissement :**

Blogs et newsletters d'investissement : Abonnez-vous à des blogs et newsletters d'investissement réputés pour recevoir régulièrement des informations, des mises à jour du marché et des idées d'investissement.

Cours et webinaires sur l'investissement : Inscrivez-vous à des cours d'investissement en ligne ou assistez à des webinaires pour approfondir votre compréhension de sujets d'investissement spécifiques.

Podcasts financiers : Écoutez des podcasts financiers qui couvrent un large éventail de sujets d'investissement, du débutant au avancé.

Médias sociaux et communautés en ligne : Interagissez avec les comptes de médias sociaux et les communautés en ligne liés à l'investissement pour interagir avec d'autres investisseurs et partager des connaissances.

Associations et clubs d'investissement : Rejoignez des associations ou des clubs d'investissement pour réseauter avec d'autres investisseurs et apprendre auprès de professionnels expérimentés.

En utilisant ces ressources supplémentaires, vous pouvez continuer à améliorer vos compétences en investissement, rester informé des tendances du marché et bâtir une base solide pour un succès continu en matière d'investissement. N'oubliez pas qu'un investissement réussi est un voyage et non une destination, alors adoptez le processus et profitez de l'expérience d'apprentissage.

LEÇONS CLÉS

☐ Le succès d'un investissement nécessite des connaissances, de la discipline et une perspective à long terme.

☐ L'apprentissage continu et l'adaptation aux changements du marché sont la clé de la croissance.

☐ Ce livre fournit une base, mais des études plus approfondies et des conseils professionnels sont précieux.

Des questions

1. Quels sont les facteurs clés du succès d'un investissement à long terme ?

2. Comment pouvez-vous continuer à apprendre et à grandir en tant qu'investisseur ?

Réponses

1. Les facteurs clés du succès à long terme comprennent la diversification, la gestion des risques, des examens réguliers du portefeuille et un investissement discipliné.

Se concentrer sur les objectifs à long terme et éviter les décisions émotionnelles contribue également au succès.

2. Continuez à apprendre en lisant des livres sur l'investissement, en suivant l'actualité financière et en assistant à des séminaires ou des ateliers financiers. Vous pouvez également consulter des conseillers financiers pour obtenir des conseils personnalisés et explorer des cours en ligne pour approfondir vos connaissances en investissement. S'engager auprès de communautés d'investisseurs ou de forums de discussion peut également fournir des informations d'investisseurs expérimentés.

ANNEXES

GLOSSAIRE DES TERMES D'INVESTISSEMENT

Un glossaire des termes courants en matière d'investissement constitue un outil de référence précieux pour comprendre le langage de l'investissement. **Voici une liste complète de termes pour vous aider à naviguer dans le monde de l'investissement :**

Allocation d'actifs: Processus de répartition des investissements entre différentes classes d'actifs, telles que les actions, les obligations et l'immobilier, pour équilibrer le risque et le rendement.

Marché baissier : Une condition de marché caractérisée par une baisse des prix et un pessimisme généralisé, généralement défini par une baisse de 20 % ou plus par rapport aux sommets récents.

Marché haussier : Une condition de marché caractérisée par la hausse des prix et l'optimisme, généralement définie par une augmentation de 20 % ou plus par rapport aux plus bas récents.

Les gains en capital: Le bénéfice réalisé lorsqu'un investissement est vendu à un prix supérieur à son prix d'achat.

Pertes en capital : La perte subie lorsqu'un investissement est vendu à un prix inférieur à son prix d'achat.

Diversification: La stratégie consistant à répartir les investissements entre différentes classes d'actifs et secteurs pour réduire les risques.

Dividendes : Paiements effectués par une société à ses actionnaires, généralement sous forme de distribution de bénéfices.

Fonds négociés en bourse (ETF) : fonds d'investissement négociés en bourse comme des actions individuelles et offrant une diversification en suivant un indice ou un secteur spécifique.

Couverture : L'utilisation d'instruments ou de stratégies financières pour compenser les pertes potentielles dans un investissement ou un portefeuille.

Fonds indiciel : Type de fonds commun de placement ou ETF conçu pour reproduire la performance d'un indice de marché spécifique, tel que le S&P 500.

Liquidité: La facilité avec laquelle un actif peut être converti en espèces sans affecter son prix de marché.

Fonds communs de placement: Un fonds d'investissement qui regroupe l'argent de plusieurs investisseurs pour investir dans un portefeuille diversifié d'actions, d'obligations ou d'autres titres, géré par un gestionnaire de fonds professionnel.

Portefeuille: Ensemble de placements détenus par un individu ou une institution.

Rééquilibrage : Processus d'ajustement de la répartition d'actifs d'un portefeuille pour maintenir l'équilibre risque-récompense souhaité.

Tolérance au risque: Le niveau de risque qu'un investisseur est prêt à accepter dans la recherche d'un retour sur investissement.

Vente à découvert : Pratique consistant à vendre des titres empruntés dans l'intention de les racheter à un prix inférieur.

Analyse technique: L'utilisation de graphiques et d'indicateurs techniques pour analyser les tendances des prix et prédire les mouvements futurs du marché.

FICHES DE TRAVAIL DE PLANIFICATION DES INVESTISSEMENTS

Les feuilles de travail de planification des investissements vous aident à organiser vos objectifs d'investissement, à suivre les progrès et à planifier votre stratégie d'investissement. Vous trouverez ci-dessous des exemples de feuilles de travail que vous pouvez utiliser pour planifier et suivre vos investissements :

FEUILLE DE TRAVAIL POUR LA FIXATION DES OBJECTIFS D'INVESTISSEMENT

- ☐ Énumérez vos objectifs financiers à court et à long terme.
- ☐ Définissez le délai souhaité pour chaque objectif.
- ☐ Déterminez le montant nécessaire pour atteindre chaque objectif.
- ☐ Évaluez votre tolérance au risque pour chaque objectif.

FEUILLE DE TRAVAIL POUR LA RÉPARTITION DE L'ACTIF

- ☐ Identifiez les classes d'actifs de votre portefeuille (par exemple, actions, obligations, immobilier).
- ☐ Définissez les pourcentages d'allocation d'actifs souhaités.
- ☐ Suivez votre allocation d'actifs actuelle pour identifier les écarts.

EXAMEN DU PORTEFEUILLE ET FEUILLE DE RÉÉQUILIBRAGE

- ☐ Planifiez des revues régulières du portefeuille (par exemple, trimestriellement, annuellement).

- ☐ Énumérez les étapes pour rééquilibrer votre portefeuille.
- ☐ Suivez les changements dans l'allocation d'actifs et les activités de rééquilibrage.

FEUILLE DE SUIVI DES PERFORMANCES D'INVESTISSEMENT :

- ☐ Suivez la performance des investissements individuels et de votre portefeuille global.
- ☐ Enregistrez les gains en capital, les dividendes et autres revenus de placement.
- ☐ Comparez la performance de votre portefeuille à des références pertinentes.

EXEMPLES DE PORTEFEUILLES D'INVESTISSEMENT

- ☐ Des exemples de portefeuilles d'investissement servent de modèles pour différents profils de risque et objectifs d'investissement. Voici quelques exemples de portefeuilles pour différentes tolérances au risque :

PORTEFEUILLE CONSERVATEUR

- ☐ Concentrez-vous sur la stabilité et la préservation du capital.

☐ Allocation d'actifs : 60 % obligations, 30 % actions, 10 % liquidités.

☐ Investissez dans des obligations d'État et d'entreprises de haute qualité.

☐ Incluez les actions versant des dividendes pour le revenu.

☐ Conservez une partie du portefeuille en espèces ou quasi-espèces pour plus de liquidité.

PORTEFEUILLE ÉQUILIBRÉ

☐ Visez un équilibre entre croissance et stabilité.

☐ Allocation d'actifs : 50 % d'actions, 40 % d'obligations, 10 % d'immobilier ou autres alternatives.

☐ Diversifiez-vous dans différents secteurs et régions géographiques.

☐ Utilisez des fonds indiciels et des ETF pour une large diversification.

UN PORTEFEUILLE ORIENTÉ CROISSANCE

☐ Concentrez-vous sur l'appréciation du capital et des rendements plus élevés.

- Allocation d'actifs : 70 % d'actions, 20 % d'obligations, 10 % d'immobilier ou autres alternatives.
- Investissez dans les actions de croissance et les marchés émergents pour des rendements potentiels plus élevés.
- Utilisez les ETF pour vous diversifier dans divers secteurs.
- Incluez une petite partie d'obligations pour la stabilité et le revenu.

Ces exemples de portefeuilles peuvent être personnalisés en fonction de votre tolérance au risque, de vos objectifs financiers et de votre horizon de placement. Utilisez-les comme modèles pour créer un portefeuille qui correspond à vos objectifs et vous aide à atteindre vos objectifs financiers.

J'aimerais savoir ce que vous pensez de mon livre. Vos commentaires ne sont pas seulement précieux, ils sont essentiels à mon évolution en tant qu'auteur. Avec votre critique, vous me guidez non seulement, mais vous aidez également les autres à décider si ce livre leur convient. Vos mots pourraient être le phare de la prochaine lecture préférée de quelqu'un. Merci d'avoir fait partie de mon parcours d'écriture. J'attends avec impatience vos réflexions.

www.ingramcontent.com/pod-product-compliance
Lightning Source LLC
Chambersburg PA
CBHW062355220526
45472CB00008B/1814